# LE DAHOMEY

PAR

Le P. CHAUTARD

Des missions Africaines de Lyon, ancien Missionnaire au Dahomey.

AVEC DEUX CARTES

Prix : UN fr. net

Se vend au profit de la mission du Dahomey



LYON

LIBRAIRIE EMMANUEL VITTE
8, PLACE BELLECOUR, 8

Au Bureau des Missions catholiques
6, RUE D'AUVERGNE, 6

1890

# LE DAHOMEY

Par le P. CHAUTARD
DES MISSIONS AFRICAINES DE LYON
ANCIEN MISSIONNAIRE AU DAHOMEY



---

CONFÉRENCE DU 18 MAI, AU PALAIS SAINT-PIERRE

*Sous les auspices de la Société de géographie de Lyon*

---

C'est avec une émotion bien naturelle qu'un pauvre missionnaire se hasarde à porter la parole à la tribune d'une société savante et devant l'élite de la société lyonnaise.

L'évangélisation des noirs du Dahomey ne comporte pas beaucoup de frais d'éloquence et ne peut être qu'un mince noviciat à l'art de la parole.

Toutefois l'intérêt exceptionnel éveillé par la question du Dahomey, les instances de la société de géographie, l'ordre du vénéré supérieur des missions africaines, le désir de faire du bien à mon pays et à mes chers noirs du Dahomey, et, j'ose l'ajouter, votre bienveillance assurée, mesdames et messieurs, m'ont décidé à vous faire part des renseignements que j'ai pu recueillir pendant un séjour de cinq ans au Dahomey, ou dans les pays limitrophes.

Le Dahomey ! ce nom fait frissonner, et à bon droit, les amis de la civilisation.

Quelles impressions ne réveille-t-il pas aujourd'hui dans

toutes les classes de la société, spécialement dans la marine et l'armée, qui portent si vaillamment le drapeau de la France au Dahomey !

Je n'ai pas la prétention de mettre à l'unisson toutes ces impressions multiples, ni même de les harmoniser. Le géographe n'a besoin que du compas de la nature, et le burin de l'histoire suffit à l'historien. Je ferai donc simplement, sans aucune poésie, la description du pays et laisserai la parole aux faits eux-mêmes. Si parfois j'apprécie, ce sera par exception. Je chercherai avant tout à vous faire la photographie du Dahomey.

Pour mettre un peu d'ordre dans une question aussi étendue, nous considérerons le Dahomey au point de vue géographique, historique, militaire, social, religieux, commercial, humanitaire et français.

Evidemment je ne prétends pas remplir un cadre aussi étendu ; d'ailleurs, les limites de cette conférence ne me le permettent pas.

Je me contenterai donc d'esquisser à grands traits la physionomie du Dahomey, sous ces divers aspects.

## Le Dahomey au point de vue géographique

Quand on demande à un Dahoméen quel est le royaume le plus grand de l'Afrique, il répond sans hésitation : le Dahomey. Certains voyageurs ont trop pris au sérieux cette vantardise et ont donné au Dahomey des limites trop étendues.

En réalité, le Dahomey est borné au sud par le golfe de Bénin ; à l'est, par le royaume de Porto-Novo et les divers Etats du Yorouba ; au nord, par le Barba, et à l'ouest, par les Républiques Minas et les établissements français du Grand Popo et d'Agoué.

Le Dahomey est donc enclavé entre les deux possessions françaises de Grand Popo et de Porto-Novo.

Il est compris entre 6° 10′ et 9° 10′ latitude nord ; sur la côte, le Dahomey s'étend seulement de 0° 8' est à 0° 20 ouest du méridien de Paris, soit environ 55 kilomètres de côte.

*Population.* — Impossible d'évaluer exactement la population dans un pays sans aucune statistique, je ne crois pas qu'elle dépasse 250.000 habitants.

Le port principal est Whydah, ville qui comptait autrefois 40 ou 50.000 habitants ; mais depuis 1860, sa population a diminué de plus de moitié et diminue tous les jours.

Aussi, ses habitants soupirent-ils après la domination française.

Abomey, la capitale, a une population très variable, suivant la présence ou l'absence du roi et de sa cour. Je ne crois pas que la population fixe dépasse 15.000 habitants.

La latitude d'Abomey varie entre 7° et 8° nord, suivant les différents explorateurs.

La troisième ville du royaume est Cana, la ville sainte du Dahomey et où se trouvent les tombeaux des rois. Population : environ 10.000 habitants.

Le bas Dahomey est une immense plaine généralement boisée et en certains points marécageuse. A partir de Cana, le terrain s'élève, et au nord d'Abomey le pays est d'abord ondulé, puis montagneux. Il y a même des pics fort élevés.

*Lagune.* — Une lagune d'une centaine de mètres de largeur, interrompue seulement à Godomey, court le long de la mer, sur toute la côte dahoméenne.

*Fleuves.* — Un fleuve très considérable, le Ouémé ou Okpara, traverse tout le nord du Dahomey et le limite à l'est. Ce fleuve est la seule route commerciale et stratégique pour pénétrer dans l'intérieur. Aussi le Dahomey en interdit-il la navigation aux blancs. Un autre fleuve, le Mono, navigable jusqu'au barrage de Togodo, limite le Dahomey à l'ouest. Ces deux fleuves sont les déversoirs du grand marais ou lama qui sépare Alladah de Cana.

*Lacs.* — Le grand lac Denham ou Nokoué limite à l'est le

bas Dahomey. Il est très étendu et compte plusieurs villages lacustres. Je les ai vus plusieurs fois : rien de plus curieux. C'est la terreur du Dahomey qui retient ces amphibies humains dans leurs cages aquatiques.

Dans le bas Dahomey, deux ou trois autres lacs peu considérables.

*Climat.* — Le climat est équatorial. On compte deux saisons pluvieuses et deux saisons sèches. La grande saison des pluies commence en mai, s'accentue en juin et finit vers la fin de juillet ; de fin juillet au commencement de septembre, petite saison sèche. Du commencement de septembre jusque vers le 20 novembre, petite saison des pluies. Décembre, janvier et février, grande saison sèche. Mars et surtout avril, quelques tornades ou cyclones.

La chaleur est constante, mais régulière ; pendant mes cinq ans de séjour, je n'ai pas vu le thermomètre descendre au-dessous de 19°, ni monter au-dessus de 36° centigrades. La moyenne annuelle, d'après mes observations, serait de 27°.

Sur la côte, la brise de mer vient rafraîchir la température. Quoique fiévreuses, les côtes du Dahomey sont cependant moins malsaines que celles des pays voisins. Au nord d'Abomey et surtout dans les montagnes, le pays est relativement très salubre.

*Faune.* — Les principaux animaux domestiques sont le chien, le chat, moins apprivoisés qu'en France, le bœuf, le mouton, la chèvre, le cochon, le canard et la poule. Dans l'intérieur le cheval réussit bien, mais il est plus petit que son congénère d'Europe. Cette remarque s'applique aussi presque à tous les animaux domestiques.

Parmi les animaux sauvages, les principaux sont : la panthère, le léopard, l'once, le sanglier, le porc-épic, le chat-tigre, le daim, le cerf. L'éléphant et le lion se trouvaient, du moins autrefois, dans les montagnes du Dahomey.

Parmi les animaux aquatiques, l'hippopotame, le caïman et de nombreuses espèces de poissons.

Parmi les reptiles, le boa et le serpent fétiche sont les plus considérables. Point de vipère ni de serpent à sonnette. Chose remarquable, il est à peu près inouï qu'un blanc ou un noir ait eu à souffrir de la dent de quelque animal sauvage.

## Histoire du Dahomey

L'usage de l'écriture n'est point connu aux Dahoméens. On comprend donc combien il est difficile d'apprendre de leur bouche l'histoire de leur pays. Certaines coutumes dahoméennes semblent dénoter une origine égyptienne. Pour avoir des documents précis sur l'histoire du Dahomey, il faut remonter au XVIIe siècle, vers l'an 1620. A cette époque le nom de Dahomey était inconnu et son territoire plus ou moins occupé par les royaumes de Juida (aujourd'hui Whyda), d'Ardra ou Allada et de Cana.

A la mort du roi d'Allada, ses trois fils se disputèrent le trône. La victoire favorisa le plus jeune. L'aîné se réfugia à l'est et fonda la ville de Porto-Novo ; le second demanda asile au roi de Cana, nommé Da, et s'établit sur l'emplacement d'Abomey. Ses partisans vinrent peu à peu l'y rejoindre. Le fugitif demandait sans cesse à son protecteur de nouvelles concessions de terrain. A la fin, le roi de Cana lui dit : « Mais, veux-tu donc bâtir tes cases jusque sur mon ventre ? » Piqué de cette réponse, le fugitif d'Allada réunit ses guerriers, fondit à l'improviste sur le roi de Cana et l'emmena captif à Abomey. Là, il fit ouvrir une tranchée, y jeta le pauvre roi Dâ, et sur son ventre posa les assises d'un palais qui porta le nom de Dahome (1).

Ainsi, la monarchie dahoméenne porte jusque dans son origine une empreinte de barbarie atroce. Elle ne perdra plus ce caractère, et jusqu'à nos jours, Abomey sera la capitale de la barbarie.

(1) Home, intérieur, ventre. Da, ventre de Da.

Le prince d'Allada devenu roi du Dahomey prit le nom de Daho, c'est-à-dire savant en toutes choses. Il porte aussi le nom de Tacoudonou. Généralement les rois du Dahomey ont plusieurs noms provenant de l'emblème qu'ils se choisissent ou des titres que leur décerne l'adulation. Daho régna de 1620-1650; son fils Aho régna jusqu'en 1680; Akabah, de 1680 à 1708; Agajah ou Guada-Trujo, de 1708 à 1728. Prince des plus célèbres du Dahomey, Agajah établit la milice féminine des amazones, prit, en 1727, la ville de Whydah et immola, au témoignage de Snelgrave, 4.000 prisonniers.

Tegbervossun régna de 1729 à 1775; Mpenguela, de 1775 à 1789; Agongolu, de 1789 à 1817. Agongolu fut malheureux dans ses guerres et devint tributaire des Eyeos ou Yoroubas. Mais son fils Guézo occupa le trône avec gloire de 1818 à 1858. Il conquit le Mahi et développa beaucoup le commerce du Dahomey. Son fils Glèglé rendit aux coutumes toute leur ancienne splendeur et fit couler annuellement des flots de sang.

Plusieurs fois repoussé par les Egbas, Glèglé fut malheureusement victorieux dans d'autres expéditions. Il détruisit successivement plusieurs grandes villes, notamment Ichaga, Méko, *Iketu*, Okiadan, et fit une immense solitude de tout l'espace compris entre le fleuve Ouémé et Abéokouta. Ses guerres interminables ont beaucoup affaibli le Dahomey, qui se dépeuple aujourd'hui rapidement.

Glèglé a ravagé pendant plusieurs années le royaume de Porto-Novo et rendu inévitable la guerre avec la France On a dit que Glèglé avait été élevé à Marseille; c'est absolument inexact; voici ce qui a donné lieu à la méprise :

Le roi Guézo avait envoyé à Marseille, pour y faire leur éducation, deux enfants de sa maison, c'est-à-dire de ses esclaves, suivant le style du pays. Naturellement les deux jeunes noirs se disaient nés dans le palais d'Abomey et même fils du roi. Ajoutons que l'un portait le même nom que le prince royal du Dahomey, c'est-à-dire Badou ou Bahadou, et on comprendra facilement que l'on ait confondu les deux Badons et accrédité la légende.

La loi dahoméenne défend formellement au roi de traverser et même de voir le *grand lac d'eau salée* (la mer). Le prince qui y contreviendrait serait certainement empoisonné.

Glèglé était un prince intelligent, mais soupçonneux et rapace. Ses razzias incessantes ont enlevé toute sécurité au commerce. Glèglé est mort au mois de décembre 1889. Son fils Kondo s'est fait couronner sous le nom de Bédazin. Jusqu'ici il a mauvaise réputation.

*Le Dahomey au point de vue politique.* — Une monarchie héréditaire quant à la dynastie, élective quant à la personne, telle est la forme du gouvernement au Dahomey. Le roi appartient toujours à la famille royale, mais le droit de primogéniture n'est point admis et les chefs du pays portent leur choix sur le prince qui leur paraît le plus apte à gouverner le royaume. C'est ainsi que les rois Guézo et Glèglé furent choisis à l'exclusion de leur frère aîné.

La monarchie dahoméenne est absolument despotique. Le roi est l'unique propriétaire du royaume. Ses sujets, même libres, ne sont que ses fermiers. Aussi se réserve-t-il le droit de les faire *razzier* à son gré.

Maître absolu des biens, le roi l'est encore de la personne de ses sujets. Nul ne peut sortir du royaume sans la permission du roi. Ce passeport est tantôt le bâton royal, tantôt un objet quelconque, variant tous les jours, et qu'il faut remettre à l'*onibode*, ou gardien de la frontière. Tout homme valide est obligé de porter les armes. Personne ne peut marier sa fille sans l'avoir offerte au représentant du roi pour entrer dans le harem royal ou l'armée des amazones.

Les Européens de Whydah sont généralement traités avec égards, mais, à l'exception des missionnaires, ils paient des droits réglés et sont astreints à de nombreux cadeaux, en compensation des razzias dont ils sont affranchis.

Le roi prétend exercer au moins un droit de haut domaine sur toutes leurs propriétés. — Un négociant français fait un premier voyage au Dahomey. Pendant son séjour il s'y bâtit une maison avec ses seules ressources, puis il rentre en France. Quand il retourne au Dahomey, il est reçu par le représentant du roi qui, après maints compliments de bienvenue, lui dit solennellement : « Je vais te conduire maintenant dans la maison que le roi veut bien mettre à ta disposition. » Et il vous conduit triomphalement à la maison que vous avez bâtie l'année précédente.

La monarchie dahoméenne est essentiellement militaire, aussi la hiérarchie militaire prime-t-elle en tout la hiérarchie civile. Le premier ministre du roi de Dahomey est le Mingan, qui cumule les fonctions de généralissime, commandant de l'aile droite de l'armée, de ministre de la justice, de chef de la police et d'exécuteur en chef. Il a un lieutenant qui commande la 2e brigade de l'aile droite de l'armée.

Le 2e ministre est le Méhou, le second en dignité après le Mingan et le commandant de l'aile gauche. Il unit à ses fonctions militaires celle de collecteur des impôts et d'introducteur des blancs auprès du roi de Dahomey. Il a aussi un lieutenant, suivant la coutume dahoméenne, d'après laquelle le titulaire actuel d'un poste doit former son successeur (1).

Le 4e personnage du Dahomey est le Yévogan, ou vice-roi de Whydah, mais il n'a aucun commandement militaire.

Après ces chefs principaux se hiérarchisent un certain nombre de chefs secondaires, soit pour les affaires militaires, soit pour les affaires civiles. C'est ainsi qu'il y a un trésorier général sous les ordres du Méhou, et à Whydah un ministre du commerce, appelé le Quoueuou et dont on montrera bientôt la photographie en projection.

Enfin les grandes villes comptent plusieurs cabécères dont chacun veille sur un quartier. Chaque village a aussi son

(1) Après le Méhou vient le Cambodé, gouverneur d'Abomey.

cabécère chargé de rendre la justice dans les cas ordinaires. Toutes les causes capitales, dans toute l'étendue du royaume, sont réservées au roi... Outre les cabécères en charge, il y a des cabécères honoraires. Les Européens peuvent être promus à cette dignité.

Whydah avait encore le privilège d'avoir un chacha ou chef des blancs ; cette charge, qui ne date que de 1830, était héréditaire dans la famille d'un ancien négrier brésilien appelé de Sousa ; mais le dernier chacha, Julliao de Sousa, a été emmené à la capitale, sous l'inculpation d'avoir voulu livrer Whydah au Portugal d'abord, puis à la France. Qu'est devenu le pauvre chacha ? Impossible de le savoir. Il n'a pas été remplacé, tous ses biens ont été confisqués.

### Le Dahomey au point de vue militaire

Il y a au Dahomey une double milice, la milice masculine et la milice féminine ou les amazones. L'ordre de bataille a été emprunté aux troupes européennes. L'aile droite est commandée par le Mingan, l'aile gauche par le Méhou, le centre est occupé par les amazones, qui forment la garde du roi. Jusqu'à ces dernières années, on avait relégué les amazones dans le domaine de l'histoire ou même de la fable. Il n'en est rien. Elles existent actuellement dans différents Etats africains. Mais nulle part elles ne sont aussi nombreuses et aussi bien organisées qu'au Dahomey. Dans la Guinée la femme est très fortement constituée ; aussi ne faudra-t-il pas s'étonner des qualités guerrières des amazones. Etablie par le roi Guada-Trujo (1708-1728), la milice féminine acquit un grand prestige sous le roi Guezo. Elle fut organisée parallèlement à la milice masculine et reçut même plus de privilèges. Ainsi le roi Guézo en fit son corps de garde, et ce fut à ces amazones qu'il dut son salut dans la désastreuse campagne d'Abéokouta, en 1851.

Il y a un double recrutement pour les amazones :

1° Chaque Dahoméen est obligé de présenter ses filles devant une espèce de conseil de revision. Celles qui sont déclarées « bonnes pour le service » sont versées dans le corps des amazones.

2° Les amazones sont aussi recrutées parmi les petites filles faites prisonnières à la guerre et dont les parents ont été massacrés ou vendus au loin comme esclaves. Ces pauvres filles qui ne se souviennent plus de leurs parents sont élevées par les amazones, et comme, au Dahomey, on fait des enfants à peu près ce qu'on veut, elles prennent des goûts militaires et n'ont bientôt plus qu'une ambition : celle de s'illustrer à la guerre.

Au siège d'Abéokouta, en 1851, le missionnaire protestant Thowsend élevait à 6.000 le nombre des amazones et à 16.000 le nombre total des soldats dahoméens. Mais l'élite des amazones périt dans la mêlée, et un certain nombre, profitant du désordre, s'enfuirent dans la ville, préférant le bonheur domestique à leur dur esclavage militaire. Le nombre des amazones est moins considérable aujourd'hui, il peut encore s'élever à 3.000 environ. En y joignant 7 ou 8.000 guerriers, on aurait l'effectif complet de l'armée dahoméenne.

Les amazones sont vouées au célibat, sous les peines les plus rigoureuses ; par exception cependant, le roi en donne quelques-unes en mariage à ses soldats les plus méritants. Elles sont divisées en 3 brigades ayant chacune ses officiers distincts. La brigade centrale forme la garde du roi. Chaque brigade comporte des amazones de quatre armes différentes :

1° Les espingolières ou agbaraya, vêtues d'une tunique bleue et d'une écharpe blanche qui se porte en ceinture. Leur étendard représente une guerrière déchiquetant un ennemi.

2° Les chasseresses d'éléphants ou gbéto, à l'uniforme brun et bleu, avec une coiffure à deux cornes. C'est sans doute pour simuler les cornes de cerf et ne pas donner l'éveil aux éléphants quand on les chasse dans les hautes herbes du pays.

3. Les Nyekpleh-hentoh, ou amazones armées de gigantes-

ques rasoirs, dans le but de décapiter plus facilement le roi ennemi, qui est leur objectif principal.

4. Les mousquetaires ou Gulonnentoh, ce sont les plus nombreuses. Elles sont armées de fusil à pierre et portent leur cartouchière suspendue à la ceinture. (Vous en verrez bientôt deux photographies.)

5. Enfin, les *archères*, armées d'arcs et de flèches empoisonnées. *Vu* l'infériorité de leur arme, elles sont plutôt une troupe de parade; aussi n'y en a-t-il que dans la garde du roi.

*Valeur des amazones.* — Cette valeur est réelle ; elles en ont donné maintes preuves, quelquefois aux dépens des têtes de nos soldats, ou même de nos officiers. C'est ainsi qu'à Kotonou, dans l'engagement du 4 mars, un maréchal des logis d'artillerie a eu la tête coupée par une amazone. Aussi les guerrières du Dahomey sont-elles un objet de terreur pour tous les peuples voisins du Dahomey. Il y a 4 ou 5 ans, le chacha de Wydah conduisit quelques amazones à Agoué, ville de 7 à 8.000 hommes, en dehors du Dahomey, et maintenant sous le protectorat de la France.

Toute la population se concentra sur une grande place pour voir de près ces amazones si redoutées. La générale, dont vous verrez bientôt le portrait, se dressa fièrement en face des guerriers d'Agoué et leur dit : Vous êtes des hommes, moi je ne suis qu'une femme, et vous dites que les hommes sont plus forts que les femmes, c'est ce que nous allons voir : eh bien ! que le plus malin d'entre vous vienne à moi, et je lui donnerai mon sabre ou celui de ma voisine, à son choix, et à nous deux ! et avant deux minutes, sa tête sera plantée à la cime de mon sabre ! Faut-il confesser, à la honte du sexe fort, que pas un guerrier d'Agoué n'osa relever le défi ? Moins qu'ailleurs, cette valeur féminine ne doit paraître étonnante dans la patrie de Jeanne Hachette et de la rayonnante libératrice d'Orléans, l'intrépide Jeanne d'Arc !

Toutefois n'exagérons rien. La crainte du bourreau est

pour beaucoup dans la valeur des amazones dahoméennes. Le regretté M. Colonna de Lecca, ancien consul de France à Porto-Novo et qui avait été à Abomey, m'a raconté lui-même ce qui suit : En pleine fête des Coutumes, lorsque les amazones demandaient à grands cris la guerre contre Abéokouta, le roi Glégié leur répondit : « Je sais bien pourquoi vous me demandez de vous conduire à Abéokouta. Vous voudriez imiter vos devancières et profiter du désordre de la mêlée pour vous enfuir dans cette ville et ne plus faire partie de mon armée. »

Pendant que j'étais moi-même au Dahomey, 200 jeunes filles s'enfuirent de Whydah pour échapper à l'enrôlement dans le corps des amazones.

### Le Dahomey au point de vue social

Je ne puis qu'esquisser à grands traits ce sujet qui demanderait beaucoup de développement.

La société dahoméenne repose essentiellement sur la polygamie et l'esclavage.

Rien de plus malheureux que la condition de la mère de famille ; sauf des cas assez rares, elle est obligée de pourvoir à sa propre existence ainsi qu'à celle de son enfant. Aussi, le porte-t-elle sur son dos, afin d'avoir les mains libres. Le pauvre marmot n'a pas trop l'air de s'en plaindre et pleure beaucoup moins que les enfants de son âge en Europe. Et pourtant il est ballotté en tous sens sur le dos de sa mère qui court, travaille, se baisse, se lève pour vaquer aux occupations les plus diverses. Pas de langes, pas le plus petit morceau d'étoffe pour couvrir le corps de l'enfant ; sa peau noire, voilà son habit ; la terre nue, voilà son lit. Et sur ce point aucune différence entre l'enfant du riche et celui du pauvre. Aussi, les trois quarts des enfants meurent-ils en bas âge et ceux qui restent sont-ils bien conformés et parfaitement aguerris aux luttes de la vie matérielle. L'allaitement maternel dure au moins deux ans. Voilà encore une raison de la solide charpente du nègre.

La femme ne vaque pas seulement aux travaux du ménage, elle partage encore ceux de la campagne, non point avec son mari, mais avec les esclaves. De plus, elle est, avec l'esclave, la seule bête de somme qui transporte tous les fardeaux.

Le seul privilège qu'elle partage avec son mari, c'est celui de fumer la pipe, du matin jusqu'au soir, si elle peut acheter assez de tabac.

Rien de plus curieux qu'un défilé de femmes allant chercher de l'eau, la cruche sur la tête, la pipe à la bouche, le négrillon sur le dos, jasant comme des pies, gesticulant comme des possédées, sans paraître s'inquiéter aucunement de leur progéniture dont le corps branle en tous sens.

Deux esclavages au Dahomey : l'esclavage de la traite et l'esclavage domestique.

La traite a été efficacement supprimée sur mer, à partir de 1863, mais le commerce des esclaves n'en est devenu que plus actif du côté de l'intérieur. On a peint cet esclavage sous les couleurs les plus sombres, nous n'avons rien à changer au tableau. Mais l'esclavage domestique est généralement plus doux qu'on ne l'imagine communément ; très souvent même l'esclave refuse sa liberté si on la lui offre. Il y a cependant des exceptions, et j'ai vu moi-même des files d'esclaves conduits au travail, la chaîne au cou. En nul pays il n'y a plus d'esclaves qu'au Dahomey. Tous les captifs de guerre qui échappent au sabre du bourreau sont réduits en esclavage.

## Le Dahomey au point de vue religieux

Un mot seulement. Les Dahoméens sont fétichistes, toutefois leur fétichisme est plus spiritualiste qu'on ne pense. Ils admettent l'immortalité de l'âme, l'existence d'un seul Dieu, Mahou, qui s'occupe des blancs, tandis que les noirs sont gouvernés par des dieux inférieurs ou fétiches.

Les limites de cette conférence ne me permettent pas d'entrer dans des explications que l'on peut, du reste, trouver dans la remarquable brochure du regretté P. Baudin : « Fétichisme et féticheurs » en vente au bureau des Missions Catholiques.

La religion musulmane compte relativement peu d'adhérents au Dahomey. Il y avait autrefois plusieurs milliers de catholiques, presque tous commerçants, mais les entraves apportées au commerce par le roi Glégié, les ont fait émigrer en grand nombre. Seuls, les missionnaires catholiques sont établis au Dahomey. C'est le supérieur de la Mission de Whydah, l'intrépide P. Dorgère, qui a été capturé avec les autres Français, à la fin de février 1890.

### Le Dahomey au point de vue commercial

Le commerce n'est encore que dans l'enfance au Dahomey et dans les pays voisins.

En second lieu, il a souffert beaucoup, ces dernières années, des razzias du Dahomey dans le royaume de Porto-Novo.

Malgré ces conditions défavorables, malgré la diminution du prix des huiles et amandes de palme en Europe, le chiffre des importations s'est élevé à neuf millions de francs et celui des exportations à onze millions de francs, en 1888. Ces chiffres sont empruntés au relevé officiel des douanes et extraits de l'intéressant ouvrage de M. d'Albéca, administrateur de Grand-Popo, en 1888; ouvrage intitulé : *les Etablissements français du golfe de Bénin*, p. 114. C'est donc un commerce annuel de vingt millions de francs pour Grand-Popo, Porto-Novo et le Dahomey.

Le mouvement des navires entrés ou sortis en 1888 est de 321, et représente près de 300.000 tonnes.

*Principaux articles d'importation.* — Le tafia et les alcools, la poudre, le genièvre, la faïence, les liqueurs diverses,

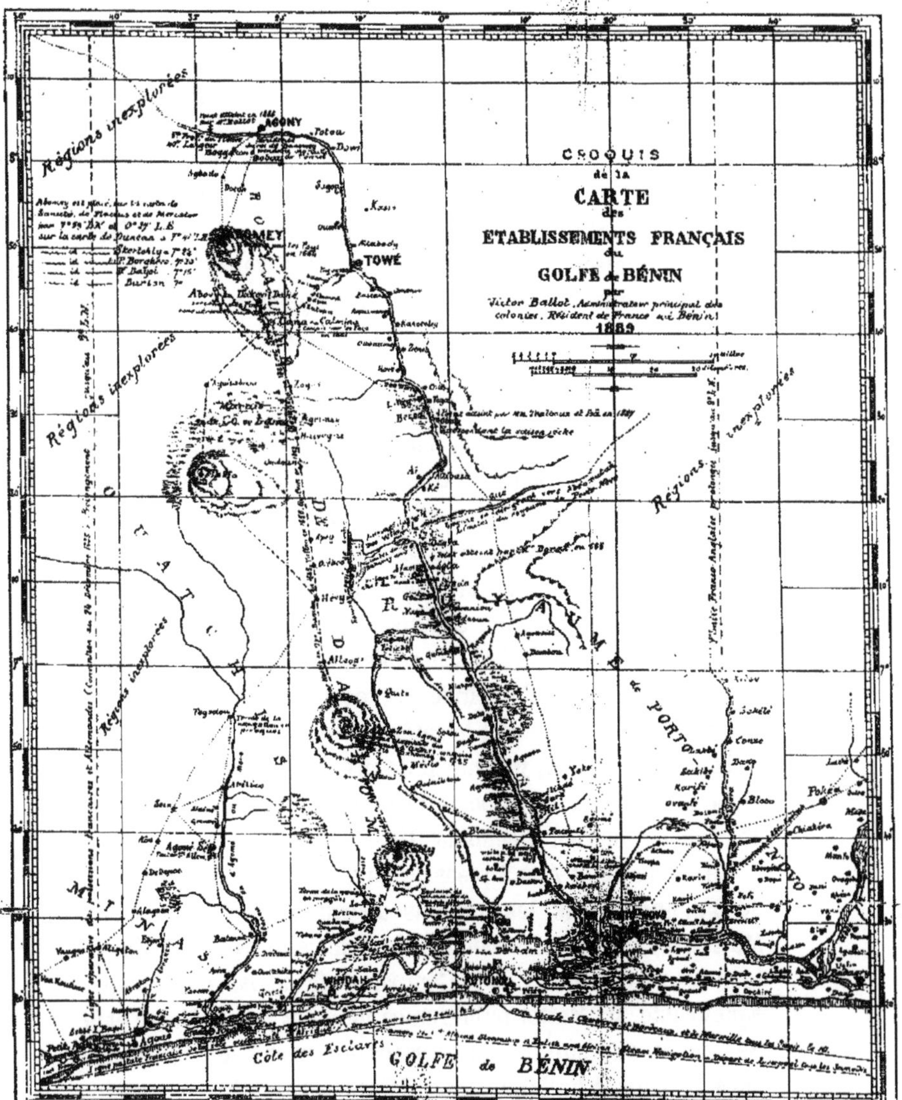


Bulletin de la Société de Géographie de Lyon, 1er Juillet 1890

Imp. A. Roux, rue Constantine, 8, Lyon

la quincaillerie, les tissus, les comestibles, le tabac, les articles de chaussure, le sel, de la mercerie, les armes et de la pacotille. Ces marchandises viennent de Marseille, de Liverpool, de Hambourg, à l'exception du tabac et du rhum, qui viennent en partie du Brésil.

Au Dahomey, le commerce est essentiellement français : il y a neuf factoreries françaises et une seule étrangère : la factorerie allemande de Whydah. A Porto-Novo et dans les Popos, le commerce est partagé entre les Français et les Allemands. Contrairement à ce qui a été dit bien des fois, le Dahomey, Porto-Novo et Grand-Popo ne comptent pas une seule factorerie anglaise, depuis que la maison Swanzy a vendu ses comptoirs aux Allemands. Ce qui n'empêchera pas certains publicistes de dire que nous allons conquérir le Dahomey au profit des Anglais.

*Produits exportés*. — Un seul arbre, le palmier à huile (*elais guineensis*) alimente, chaque année, cette exportation de onze millions de francs. Et cependant, le Dahomey est couvert de forêts à essences variées, et le sol très arrosé se prête merveilleusement à la culture de toutes les productions tropicales. Citons seulement les produits actuellement utilisables pour le commerce. Le palmier à huile, l'arbre à bourre, les caoutchoucs, le cocotier, le kola, le rônier, divers bois de teinture et de construction, l'arachide, la canne à sucre, l'ananas y croissent à l'état naturel ; le caféier, le quinquina, le cacaoyer, le coton, le riz, etc., y donnent de précieux résultats.

Le manioc y a été importé du Brésil : aussi son tapioca ne le cède-t-il en rien à celui de Rio-de-Janeiro.

Le maïs atteint 7 ou 8 pieds de hauteur. On trouve, du reste, au Dahomey, tous les produits décrits par le commandant Mattei, ancien agent consulaire de France au Niger et directeur des 21 comptoirs de la Compagnie française de l'Afrique équatoriale. M. Mattei publie en ce moment sur le Niger et la Bénoué un ouvrage très intéressant qui paraît en livraisons dans l'excellent bulletin : « Les Missions catholiques ».

Pour plus de renseignements commerciaux, consulter l'ouvrage de M. d'Albéca, « les établissements français du golfe de Bénin » et « Sketch of forestry of West Africa » par S. E. M. A. Woloney.

### Le Dahomey au point de vue humanitaire

Tout devait être extraordinaire au Dahomey. Nous avons vu bâtir les fondements d'Abomey dans le ventre du roi Dâ. Cette origine barbare du Dahomey semblait présager les destinées de la ville qui devait être la capitale de la barbarie. Ce n'est point par l'institution des sacrifices humains qu'elle mérite ce titre odieux ; car tous les peuples anciens, les Romains, les Phéniciens, les Carthaginois, les Egyptiens, les Gaulois eux-mêmes, ont eu des sacrifices humains. — A d'autres de raconter les horreurs de l'immolation des victimes humaines au dieu des Gaulois, le grand Teutatès, au milieu des profondeurs de la forêt. Nous désirons simplement montrer que l'idée et le fait des sacrifices humains ont existé de tout temps. Ils procèdent de la conscience qu'avait l'homme de la nécessité de racheter ses fautes par l'offrande d'une victime ; et plus la victime était parfaite, plus le sacrifice était jugé efficace.

Ce qu'il y a de plus particulier au Dahomey, c'est la multitude des victimes humaines et le raffinement des supplices.

Outre cette raison générale d'apaisement de la divinité, la nécessité des sacrifices humains, aux yeux des Dahoméens, repose encore sur l'idée qu'ils ont de la vie future.

Suivant eux, la vie future est la reproduction de la vie présente. — Chacun y garde le même rang qu'en cette vie, à moins d'en être déchu par quelque crime extraordinaire. Or, comme le roi du Dahomey, au dire des indigènes, est le roi le plus grand de toute l'Afrique, il faut donc que sa cour soit la plus nombreuse et la plus brillante dans l'autre vie. De là, le Dahoméen conclut à la nécessité d'immoler, à la mort du roi, le plus grand nombre possible de victimes humaines, et parmi elles, ses femmes, ses ministres, ses esclaves, pour former sa cour; de nombreux captifs lui sont aussi envoyés pour attester sa puissance et sa valeur dans les combats.

Les ministres, toutefois, jugent à propos de se faire remplacer et revêtent des insignes de leur dignité quelques jeunes naïfs qui prennent au sérieux leur nouvelle dignité jusqu'au moment où le bourreau vient leur apprendre que leurs fonctions doivent être exercées dans l'autre monde. A leur défaut, on choisit des captifs.

Mais, n'y aura-t-il des sacrifices humains qu'à la mort du roi? Le roi du Dahomey croirait être un mauvais fils s'il n'augmentait chaque année le nombre des sujets du roi défunt, en lui envoyant des centaines de captifs. Pour la même raison, il lui envoie des messagers choisis parmi les habitants de la terre, de l'air et de l'eau. A cet effet on immole, à la coutume de So-Sin, un homme, un chat, un faucon et un caïman.

L'homme ira donner au roi défunt des nouvelles des hommes de la terre; le chat, le faucon et le caïman donneront pareillement des nouvelles de leurs congénères de la terre, de l'air et des eaux.

Et voilà comment les sacrifices humains font partie essentielle de la constitution dahoméenne et portent le nom célèbre de fête des Coutumes, puisque la coutume des aïeux les a transmis.

C'est, du reste, le langage des divers rois du Dahomey auxquels les Européens ont fait connaître leur appréciation. Quand le P. Borghéro, supérieur de la mission de Whydah, se rendit à Abomey en 1861, il ne put obtenir de converser directement avec le roi, au sujet des sacrifices humains; aucun interprète ne voulait se risquer à traduire les réflexions du missionnaire. Alors, le P. Borghéro communiqua sa pensée aux personnes de son entourage, parmi lesquelles il y a toujours des espions. Et ainsi le roi fut averti, mais voici la réponse qu'il fit envoyer au missionnaire : « Qu'on ne pourrait débattre ces questions en sa présence ; que si tout autre blanc l'eût osé, aucune considération n'aurait empêché Sa Majesté d'en faire un châtiment exemplaire ; que les sacrifices humains étaient nécessaires à la conservation de la monarchie ; qu'en les jugeant avec mes idées d'Europe, je tenais un langage qui dans la bouche d'un autre serait taxé de bêtise. » Le roi Guézo parla de même à l'Anglais Duncan. Voici ce qu'écrivait, en 1724, l'anglais Lamb, prisonnier du roi de Dahomey : « Le roi a déjà paré deux de ses principaux palais des crânes de ses ennemis. Ces palais, cependant, sont aussi grands que le parc Saint-James à Londres, c'est-à-dire qu'ils ont un mille et demi de tour. »

Snelgrave, autre voyageur, nous apprend que le roi de Dahomey sacrifia, après la prise de la ville de Widah, *quatre mille prisonniers*. Ailleurs, il parle de plusieurs milliers de têtes enfilées dans des cordes et du dessein du roi d'en faire un trophée d'horrible mémoire.

Enfin, en 1727, il assista à l'exécution de plus de 800 prisonniers, de Toffa, de tout âge et de tout sexe. Les hécatombes humaines n'ont pas cessé depuis. Le roi Guézo, prince bon et intelligent, avait essayé de les restreindre ; aussi fut-il empoisonné par les féticheurs, pour n'avoir pas respecté suffisamment les anciens usages du pays. Son fils, Glégé, ne fut élu qu'après avoir fait le serment de rendre à la fête des Coutumes son antique splendeur. Et il a tenu parole. On a évalué à 3.000 au moins le nombre de victimes humaines que Glégé mit à mort pour les funérailles de son père, en 1858.

Et ces hécatombes se renouvellent chaque année, quoique sur une échelle un peu moins vaste. Tous les Européens, de passage dans la capitale, sont obligés d'y assister ; seul le P. Borghéro en fut dispensé, par déférence pour sa qualité de missionnaire.

En 1860, M. Lartigue, agent de la maison Régis de Marseille, fit le voyage d'Abomey. Voici quelques extraits de son journal que j'ai sous les yeux et qui a paru *in extenso* dans *le Figaro*, supplément du samedi 8 mars 1890 :

« Le 23 juillet, j'assiste à la nomination de 23 cabécères et musiciens qui vont être sacrifiés, pour entrer au service du roi défunt.

« Le 28, immolation de 14 captifs, dont on porte les têtes sur différents points de la ville, au son d'une grosse clochette.

« Le 29, on se prépare à offrir, à la mémoire du roi Guézo, les victimes d'usage. Les captifs ont un bâillon en forme de croix, qui doit les faire énormément souffrir. On leur passe le bout pointu dans la bouche; il s'applique sur la langue, ce qui les empêche de la doubler et par conséquent de crier. Ces malheureux ont presque tous les yeux hors de la tête. Dans la nuit prochaine, il y aura grand massacre.

« Les chants ne discontinuent pas, ainsi que les tueries. La place du palais exhale une odeur infecte ; quarante mille nègres y stationnent jour et nuit, au milieu des ordures. En y joignant la vapeur du sang et les émanations des cadavres en putréfaction, dont le dépôt est peu éloigné, on croira sans peine que l'air qu'on respire ici est mortel. Les 30 et 31, les principaux mulâtres de Whydah offrent leurs victimes, qu'on promène trois fois autour de la place, au son d'une musique infernale. La 3e ronde achevée, le roi s'avance vers la députation, et, tandis qu'il félicite chaque donateur, l'égorgement s'accomplit.

« Pendant ces deux dernières nuits, il est tombé plus de 500 têtes ! On les sortait du palais à pleins paniers, accompagnés de grandes calebasses dans lesquelles on avait recueilli le sang, pour en arroser la tombe du roi défunt. Les corps étaient traînés par les pieds et jetés dans les fossés de la ville, où les vautours, les corbeaux et les loups s'en disputent les lambeaux qu'ils dispersent un peu partout. Plusieurs de ces fossés sont comblés d'ossements humains.

« Le 4 août, exhibition de 15 femmes prisonnières, destinées à prendre soin du roi Guézo dans l'autre monde. Elles paraissent deviner le sort qui les attend, car elles sont tristes et regardent souvent derrière elles. On les tuera cette nuit d'un coup de poignard dans la poitrine.

« Le 5, jour réservé aux offrandes du roi. Elles forment une collection de tout ce qui est à l'usage d'un monarque africain : 15 femmes et 35 hommes bâillonnés et ficelés, les genoux repliés jusqu'au menton, les bras attachés au bas des jambes, et maintenus chacun dans un panier qu'on porte sur la tête. Le défilé a duré plus d'une heure et demie. C'était un spectacle diabolique, que de voir l'animation, les gestes, les contorsions de toute cette négraille.

« Derrière moi étaient 4 magnifiques noirs, faisant fonction de cochers autour d'un petit carosse destiné à être envoyé au défunt, en compagnie de ces malheureux. Ils ignoraient leur sort. Quand on les a appelés, ils se sont avancés tristement, sans proférer une parole ; un d'eux avait deux grosses larmes qui perlaient sur ses joues. Ils ont été tués tous les quatre, comme des poulets, par le roi en personne....

« Les sacrifices devaient se faire sur une estrade construite au milieu de la place. Sa Majesté est venue s'y asseoir, accompagné du ministre de la justice, du gouverneur de Whydah et de tous les hauts personnages du royaume, qui allaient servir de bourreaux. Après quelques paroles échangées, le roi a allumé sa pipe, a donné le signal, et aussitôt tous les coutelas se sont tirés et les têtes sont tombées. Le sang coulait de toutes parts ; les sacrificateurs en étaient couverts, et les malheureux prisonniers, qui attendaient leur tour au pied de l'estrade, étaient peints en rouge... Ces cérémonies vont encore durer un mois et demi, après quoi le roi se mettra en campagne pour faire de nouveaux prisonniers et recommencer sa fête des Coutumes, vers la fin d'octobre. Il y aura encore sept ou huit cents têtes abattues. »

Enfin, voici un passage d'une lettre de l'interprète de M. Bayol, pendant son voyage à Abomey, du 21 novembre au 28 décembre 1889. Xavier Béraud (c'est le nom de l'interprète) est mon ancien élève. Très intelligent, il parle au moins cinq langues, dont trois européennes : le français, l'anglais et le portugais. Il écrivait à son retour d'Abomey :

« Au Dahomey, on tue les hommes comme des poules; il nous a fallu assister au supplice de 150 ou 200 hommes, et chaque fois que nous allions au palais, nous étions obligés de traverser une rivière de sang. »

Et n'allez pas croire que l'on expédie promptement les victimes dans l'autre monde! Une affreuse pantomime, exécutée devant les condamnés, retrace toutes les tortures et leur fait, pour ainsi dire, endurer plusieurs fois la mort. D'ailleurs, les supplices, sauf la décapitation, révèlent un raffinement de cruauté sans nom.

Vous trouverez sans doute, Mesdames et Messieurs, que je vous retiens trop longtemps au milieu de cet épouvantable charnier, mais la vérité doit l'emporter sur vos délicatesses. Voici l'appareil de ces supplices :

1° Quelques victimes sont enterrées vivantes.

2° D'autres sont enfermées jusqu'à la tête dans des corbeilles et suspendues aux arbres, la tête en bas.

3° A d'autres on coupe les jambes et les bras et on les laisse mourir ainsi mutilées.

4° D'autres sont brûlées à petit feu.

5° D'autres sont clouées à des arbres, quelquefois la tête en bas.

6° D'autres malheureux sont enfermés dans des caisses et écrasés avec des dents de fer.

7° D'autres fois, on recourbe un arbre jusqu'à terre, on suspend à son extrémité, par la tête ou les pieds, de pauvres condamnés et on lâche l'arbre qui se redresse, élevant en l'air la malheureuse victime.

Elle mourra de faim ou sera dévorée toute vivante par les oiseaux de proie.

8° D'autres victimes sont empalées.

9° A la coutume appelée attoh, les victimes, enfermées jusqu'à la tête dans des corbeilles, sont précipitées du haut d'une estrade; une populace ivre de sang les reçoit à la pointe des sabres; c'est à celui qui aura le premier coupé la tête, afin d'avoir la récompense donnée par le roi, pour chaque tête coupée. Disons-le en passant : la tête de la victime est pour le roi, le sang pour le fétiche et le corps pour le peuple.

Un bon nombre de victimes périssent par la décapitation; mais il est rare que le bourreau tranche la tête du premier coup. Soit calcul, soit inhabileté, le cou de la victime est souvent tailladé : plusieurs fois, les voyageurs européens ont eu des éclaboussures de sang sur leurs habits. — On a même parlé d'un lac de sang humain où l'on faisait flotter une pirogue. Voici la vérité :

Devant le palais du roi, il y a en effet deux trous mesurant un mètre cube chacun; on les remplit de sang et l'on y fait flotter une petite pirogue en argent.

Je n'en finirais plus si je voulais relater tous les supplices infligés au Dahomey. Mais à quoi bon déchirer plus longtemps le cœur de mes bienveillants auditeurs? Jetons plutôt un voile sur ces horreurs abominables et cherchons à les faire disparaître.

### Le Dahomey au point de vue français.

Quelle est la position de la France au Dahomey? Dès le XIV$^{e}$ siècle, des marchands dieppois avaient entretenu des relations commerciales avec Whydah. Au XVII$^{e}$, la Compagnie des Indes bâtit le fort français de Whydah pour protéger les comptoirs. Ce fort, d'abord occupé par quelques soldats, fut abandonné en 1797. La garde en fut confiée à un noir, qui y maintint les couleurs de la France. J'ai connu le descendant de ce noir, et il était fier de se dire gouverneur du fort français. En 1841, le fort fut provisoirement cédé à la factorerie Régis, de Marseille, mais le gouvernement se réserva la faculté de le reprendre et sans indemnité.

Le 1er juillet 1851, fut signé un traité d'amitié et de commerce entre la France et le Dahomey.

Enfin, par le traité du 19 mai 1868, renouvelé le 19 avril 1878, « Sa Majesté le roi Gléglé abandonne en toute souveraineté à la France le territoire de Kotonou, avec tous les droits qui lui appartiennent, sans aucune exception ni réserve. »

Toutefois, la France n'avait pas encore jugé à propos d'occuper militairement Kotonou, mais dans la suite elle accepta les protectorats du Grand-Popo et du royaume de Porto-Novo.

Le roi du Dahomey ne voulut pas reconnaître ce dernier protectorat et ravagea plusieurs fois les Etats de Porto-Novo. L'an passé, ses hordes s'avancèrent même jusqu'à deux lieues de Porto-Novo, incendiant les villages et emmenant les habitants en captivité. M. Bayol, lieutenant-gouverneur des rivières du sud, fut envoyé à Porto-Novo pour aplanir le différend avec le Dahomey. Vers la fin de novembre, le représentant de la France partit pour Abomey. Sa mission avait un triple but :

1° La délimitation du territoire de Kotonou.

2° La cessation des razzias annuelles que le roi du Dahomey opérait sur les territoires soumis à notre protectorat et la remise en liberté des prisonniers Porto-Novéens.

3° La cessation des sacrifices humains. — Echec complet. Le roi du Dahomey, le prenant de très haut avec notre représentant, se plaignit des empiètements de la France, se moqua de son gouvernement et, au lieu d'accorder la grâce des protégés français, il obligea M. Bayol et ses compagnons à assister à leur exécution, tandis qu'un hérauł criait à tue-tête que ces prisonniers étaient de Porto-Novo. Bien plus, notre représentant fut retenu prisonnier et n'obtint qu'avec peine la permission de partir. Il revint à Kotonou, malade de dégoût, écœuré et disant que toutes les horreurs racontées sur le Dahomey étaient bien au-dessous de la vérité.

Tout le monde connaît maintenant la série des événements

qui se se sont déroulés au Dahomey : l'occupation de Kotonou, différents combats contre les troupes dahoméennes, la captivité de deux agents de la maison Régis, de 4 agents de la maison Fabre, parmi lesquels l'agent consulaire de France, et enfin de deux missionnaires, dont l'un fut aussitôt relâché.

Aujourd'hui, les obus de nos navires ont fait rendre nos prisonniers. Honneur à nos soldats ! honneur à nos marins ! ! Mais la guerre n'est pas finie.

Que faut-il faire maintenant ? Le journal *le Temps* disait dernièrement : Il n'y a que deux solutions : « la marche sur la capitale, ou l'évacuation complète du Dahomey et des pays circonvoisins. » On ne peut poser la question de l'évacuation de la seule colonie qui nous rapporte plus qu'elle ne nous coûte. Le budget de nos établissements du golfe de Benin n'est fixé qu'à 123.000 francs (d'après le journal officiel de Porto-Novo 1^er^ janvier) et il s'y fait pour 20 millions de commerce. En prenant seulement 5 % sur le total des produits, la douane rapporterait donc tout simplement un million contre 123.000 francs de dépenses, mettez 200.000 francs, si vous voulez, après l'occupation de Whydah.

L'évacuation du Dahomey serait absolument contraire aux intérêts aussi bien qu'à l'honneur de la France. Il n'y a donc qu'à aller de l'avant. Impossible de rester sur le *statu quo !* Les derniers événements nous ont prouvé qu'il faut près d'un millier d'hommes pour défendre les points déjà occupés.

Mais peut-on immobiliser un millier d'hommes au Dahomey, sans pouvoir tenir la campagne ? A la merci des razzias dahoméennes, le pays se dépeuplerait rapidement et tout commerce serait anéanti. Nos soldats seraient décimés sur place par les fièvres, sans aucun profit. Une fois le Dahomey réduit, 50 tirailleurs sénégalais suffiront à maintenir l'ordre, car les noirs de ces pays désirent la domination européenne et surtout celle de la France.

Mais, dira-t-on, le Dahomey va se décider à traiter. Ceux qui connaissent le Dahomey sourient en entendant parler de traité. N'avait-on pas déjà traité solennellement en 1868 et 1878? Et quel compte le Dahomey a-t-il tenu de ces traités? Est-ce que le passé ne doit pas être le conseiller de l'avenir?

Oui! le roi de Dahomey feindra peut-être de vouloir traiter maintenant qu'il a vu son armement trop inférieur au nôtre; mais ce sera uniquement pour se procurer des armes perfectionnées que les commerçants allemands et anglais ne se feront pas faute de lui vendre. Et puis, un beau jour, nos sentinelles seront surprises et égorgées pendant la nuit comme à Kotonou; nos soldats, toujours héroïques, se battent un contre cent, mais, grâce aux ténèbres de la nuit, l'avantage restera au nombre, tous nos soldats seront massacrés et leurs têtes, roulées dans des drapeaux français, seront portées en triomphe à Abomey!

Ce ne sera pas la première fois que des têtes seront envoyées à Abomey, roulées dans des drapeaux français, comme nous le verrons plus loin.

Une autre raison d'aller en avant, c'est la richesse du pays: richesses végétales et minérales. Et ici, mesdames et messieurs, pour ne pas être taxé d'exagération, je vais m'appuyer sur d'autres autorités que la mienne. Commençons par la côte. Voici ce que je lis dans l'*Histoire générale des voyages*, Paris, 1747:

« Tous les Européens qui ont fait le voyage de Whydah conviennent que c'est une des plus délicieuses contrées de l'univers. Philips déclare avec admiration que le royaume de Whydah est le plus délicieux pays qu'il ait vu dans toute la Guinée. Il n'est composé que de belles campagnes, d'une pente insensible, qui sont ornées d'orangers, de limoniers, arrosées de plusieurs rivières et de quantité de ruisseaux, où le poisson est en abondance. C'est, dit des Marchais, un mélange de petits bois et de grands arbres. Ce sont des groupes de bananiers, de figuiers, d'orangers, au travers desquels on découvre les toits d'un nombre infini de villages, dont les maisons couvertes de paille et couronnées de cannes forment un paysage admirable.

« Ce pays, » dit Bosman, « est sans cesse orné d'une belle verdure, autant par ses plantes et ses grains que par ses arbres. On y voit croître en abondance trois sortes de blé, des pois, des fèves, des patates et toute espèce de fruits. Le terrain est si fertile, qu'il produit deux ou trois fois l'année. Les pois succèdent au riz ; le millet vient après les pois ; le blé de Turquie, après le millet ; les patates et les ignames, après le blé de Turquie. (Les bords des fossés, des haies et des enclos sont plantés de melons et de légumes.)

Voulez-vous des témoignages plus récents? J'ai vu moi-même des pirogues taillées dans le tronc d'un seul arbre et mesurant 20 mètres de longueur sur 2 mètres de largeur.

Encore plus fort : Skertchly traversa le fleuve Ouémé, au nord d'Abomey, le 26 septembre 1871, dans trois pirogues mesurant chacune 90 pieds de longueur et 2 yards de largeur (Skertchly. *Dahome as it is*, p. 311). Et il dit que ces pirogues étaient taillées dans les troncs d'arbres croissant sur les rives du fleuve. Je suppose que c'est une preuve suffisante de la fertilité des bords du fleuve. Et puisque nous en sommes aux arbres, j'affirme qu'à Porto-Novo et dans le Dahomey, j'ai vu de nombreux bombax dont le tronc mesure 10 ou 15 mètres de contour. Bien plus, le voyageur anglais Burton a mesuré l'arbre fétiche de Whydah, et il a trouvé à la base 150 pieds anglais de circonférence, soit 45 mètres 50 c. (Burton, *Une mission au Dahomey*, p. 125.) Et puis on douterait de la fertilité d'un pareil pays !

Duncan célèbre aussi la fertilité de Whydah ; il a vu creuser un puits de 10 pieds de profondeur, et c'était la même couche de terre, aussi riche qu'à la surface.

Dans son voyage, il nous parle de quatre récoltes de maïs, de riz et d'autres céréales, au nord d'Abomey. — Suivant le même voyageur, il y a beaucoup d'or et d'antimoine dans le haut Dahomey.

*La nécessité de rejoindre nos établissements du golfe de Benin au Niger moyen, par le Niger et le pays de Kong à Grand Bassan et au Sénégal.*

Pour des raisons que je ne veux pas discuter ici, la France a livré à l'Angleterre les 18 embouchures du Niger. Maîtresse de ces embouchures, l'Angleterre remontera vite le fleuve et parviendra même à Tombouctou avant nous, si nous ne frayons pas un chemin par le Dahomey vers le moyen Niger, à la hauteur de Boussa. Sans cela il devient impossible de relier avec la fertile vallée du Niger nos colonies de Porto-Novo, de Grand Bassan et des rivières du Sud. Ce ne seront plus que des enclaves dans les possessions anglaises, sans débouché vers l'intérieur ; et ainsi le grand empire français-africain sera impossible. Et nos neveux nous demanderont compte de notre apathie en présence de l'Angleterre possédant déjà la plupart des embouchures des fleuves africains et se frayant un chemin vers les grands lacs, à la fois par la Bénoué, le Zambèze, le Nil et la côte orientale. Ne voyons-nous pas l'Allemagne, la dernière venue, s'emparer, en quelques mois, d'une grande partie de l'Afrique orientale et disputer à l'Angleterre l'empire des grands lacs ?

Et la France, pendant ce temps, immobiliserait ses troupes dans les marais de la côte, en présence d'un pays minuscule, entouré d'ennemis, sans s'avancer vers l'intérieur ! Ce n'est pas admissible. Il faut que la France s'empare de tout le cours de l'Ouémé, afin de s'ouvrir un chemin vers le moyen Niger. C'est le plan du regretté général Faidherbe, organisateur du Sénégal. Sur sa carte africaine il avait tracé un chemin de fer allant de Boussa à Porto-Novo et drainant tous les points du moyen Niger et du Soudan central. Si nous ne voulons pas réaliser le plan du général Philebert, réalisons du moins celui de Faidherbe.

*Question humanitaire.* — Ne nous payons pas de mots. Aujourd'hui on a sans cesse à la bouche les mots de philanthropie et d'antiesclavagisme ; mais à quoi bon réunir des congrès antiesclavagistes et faire retentir le monde entier de tant d'accents indignés, si on laisse à quelques lieues de côte, presque à portée de nos canons, le tigre du Dahomey dévorer par milliers ses victimes, dans son repaire d'Abomey ? La question du Dahomey est donc une question humanitaire.

Est-il nécessaire d'être Français pour être antiesclavagiste, c'est-à-dire antidahoméen ? Car le Dahomey est esclavagiste : son pays ne s'appelle-t-il pas la côte des Esclaves ? Est-il nécessaire d'être membre d'une société protectrice des animaux pour demander que la côte des Esclaves ne mérite plus enfin ce nom odieux, et pour demander que l'on fasse respecter le droit primordial de l'homme, le droit à la vie ? Pauvre côte des Esclaves, nos pères t'ont bien nommée. Tu es en effet le pays de l'esclavage par excellence.

L'Europe, qui t'a exploitée pendant trois siècles, a cru faire beaucoup pour toi en établissant quelques croisières. Et voilà que tes enfants, au lieu d'être maintenant envoyés en Amérique, sont conduits enchaînés à Abomey, et, là, jetés dans un fétide cachot, en attendant le bourreau dahoméen. Et ces prisonniers sont les protégés de la France !

Autrefois, on prêtait aux victimes de la douleur cette plainte si expressive : Je souffre sans espoir, car la France est si loin. Eh bien ! Mesdames et Messieurs, écoutez ces deux cents femmes, vieillards et enfants que le Dahomey a pris, ces jours derniers, dans le territoire de Porto-Novo, à portée de nos canons.

Dans leur cachot dahoméen, sur la terre humide, tous les jours en face de la mort, en proie aux horreurs de la faim, ces malheureux captifs se disent : Ah ! je souffre beaucoup ; mais je souffre avec espoir, la France est si près. C'est à cause d'elle que nous avons été pris, elle ne nous abandonnera pas. — Et puis, on discuterait froidement s'il faut aller les délivrer !

Ce serait une honte ! Ce serait forfaire à tout le passé si généreux, si héroïque de notre chère patrie.

Non ! il ne sera pas dit que nous abandonnerons ceux qui souffrent pour nous. Non ! il ne sera pas dit que nous laisserons impunis les outrages faits à nos représentants, à notre drapeau. Or, notre drapeau a été insulté, avili, traîné dans la boue et dans le sang. Les têtes des chefs de quatorze villages qui s'étaient mis sous le protectorat de la France ont été envoyées à Abomey, roulées dans des drapeaux français !

Comment l'indignation ne déborderait-elle pas du cœur et des lèvres quand on voit ainsi avilies nos fières couleurs nationales, notre glorieux étendard qui a fait le tour de l'Europe et du monde entier, qui fait vibrer à l'unisson le cœur de tous les enfants de la France, notre étendard qui sécha tant de larmes et fut tant de fois empourpré du plus beau sang français !!!

L'hésitation est impossible, c'est l'avis unanime de tous les Français ou Européens résidant en Guinée. Oui, les Anglais et les Allemands eux-mêmes nous poussent à aller en avant. En avant donc ! Et que Paris, la capitale de la civilisation, fasse disparaître Abomey, la capitale de la barbarie !!!

Que les noirs cachots où gémissent nos protégés s'ouvrent aux cris mille fois répétés de : « Vive la France !!! »

## APPENDICE

### Comment pénétrer au Dahomey ?

*Le chenal de Kotonou et le fleuve Ouémé ou [illegible].* — Après avoir démontré l'importance du Dahomey et la nécessité d'en finir, il importe d'indiquer les moyens.

Ici nous ne voulons pas faire de stratégie, nous voulons simplement montrer comment nos canonnières peuvent transporter nos soldats jusqu'à 7 ou 8 lieues d'Abomey.

La base d'opération est Kotonou, point parfaitement fortifié, communiquant avec l'Europe par le télégraphe et la mer, avec Porto-Novo et le Dahomey par voie fluviale.

Voici, à notre avis, le meilleur moyen de vaincre la difficulté du débarquement.

*Chenal de Kotonou.* — Qu'on jette les yeux sur la carte marine anglaise, ci-jointe, page 91. Relevée par MM. de Mayne, Owen, Vidal et Denham, de 1812-1846, et publiée à Londres, chez J.-D. Potter, 31, Poultry, cette carte a toute l'autorité désirable. Or, elle nous montre le lac Denham se déversant dans la mer, à Kotonou, par un chenal aussi large et plus profond que celui de Lagos; 7 brasses d'eau à l'entrée du chenal de Kotonou, 2 seulement à l'entrée de celui de Lagos (voir la carte). Le chenal de Kotonou se présente donc dans des conditions plus avantageuses que celui de Lagos.

Les navires négriers le traversaient autrefois et venaient charger les esclaves dans le lac Denham. Plusieurs négriers portugais me l'ont affirmé, notamment Hyacinthe Rodriguez, père du fameux Candido Rodriguez, de Wydah.

*Fermeture du chenal.* — Si les dernières cartes marines ne donnent plus ce chenal, c'est qu'il a été fermé par le Dahomey. Nous en avons pour preuve :

1° La tradition universelle des habitants du pays. Tous les noirs l'affirment.

2° L'étymologie même du mot Kotonou qui signifie « lagune des morts ». D'après la tradition locale, le Dahomey, profitant de la baisse périodique des eaux, fit jeter dans le chenal des arbres, des broussailles et du sable ; mais ce travail périlleux coûta la vie à de nombreux esclaves, d'où le nom de « Kotonou », lagune des morts. Nous omettons d'autres preuves.

Le Dahomey voulait, par la fermeture du chenal :

1° Ravager à son aise la presqu'île allant de Kotonou à Lagos.

2° Empêcher les navires européens de s'introduire dans

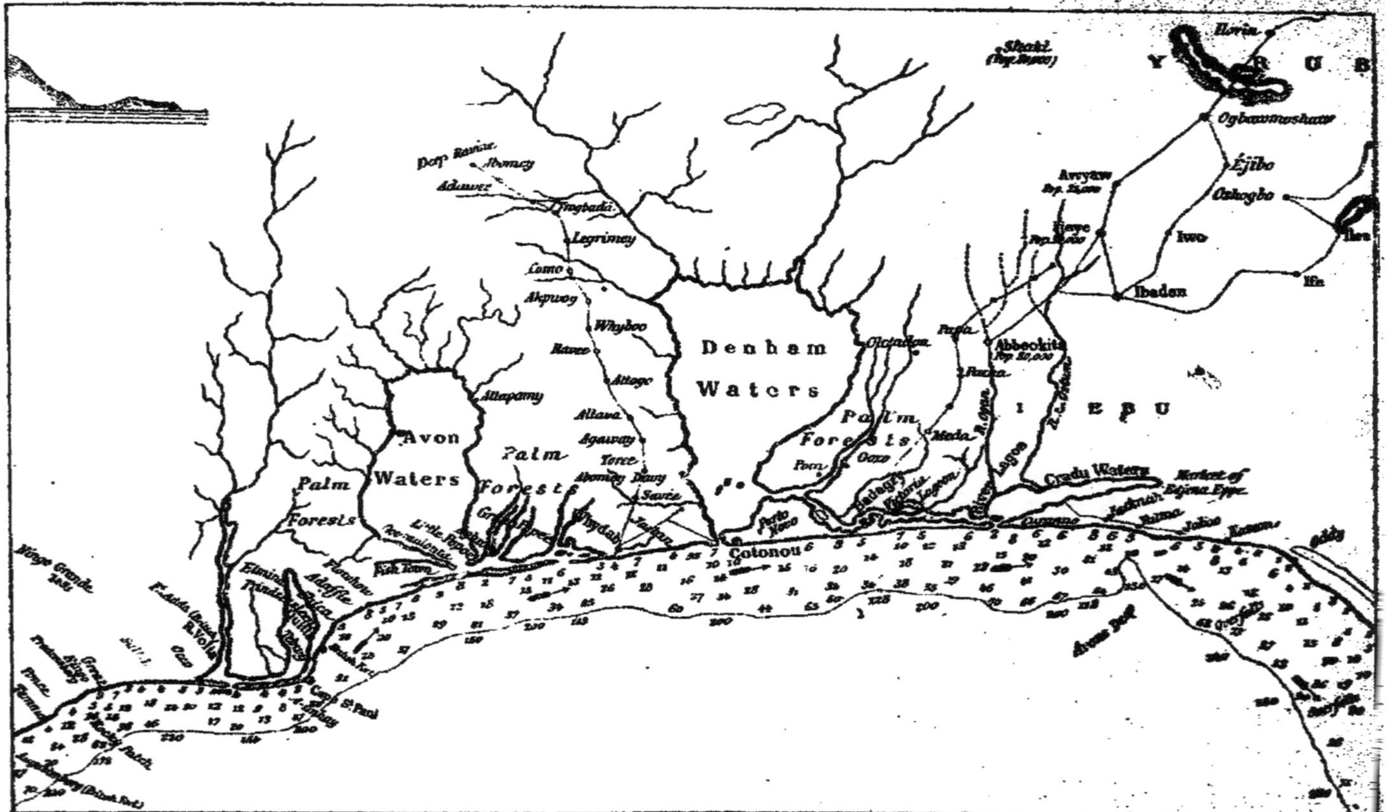


Carte marine anglaise relevée de 1812-1846 par MM. de Mayne, Owen et Denham, montrant le lac Denham communiquant avec la mer, à Kotonou, par un chenal aussi large et plus profond que celui de Lagos.

son pays. C'est pour la même raison qu'il interdit aux blancs de remonter le fleuve Ouémé ou Ocpara.

*Réouverture du chenal.* — Mais qu'importe, dira-t-on, que le chenal ait existé, puisqu'il n'existe plus ? — On peut le rétablir avec quelques coups de pioche. Une lagune de sable mesurant 10 mètres environ et à peine élevée de quelques pieds au-dessus du niveau de la mer, voilà l'isthme de Kotonou. Bien mieux, le chenal s'est rouvert de lui-même, en 1885. A cette époque, les factoreries Cyprien Fabre, Daumas-Béraud, etc., ont été emportées dans la mer, malgré tous les efforts faits pour contenir les eaux de la lagune. L'ouverture mesurait 500 mètres de largeur et plusieurs mètres de profondeur. Des navires d'un certain tonnage y ont pénétré, notamment « l'Emeraude », canonnière française, et même un navire de guerre allemand.

Ce chenal a existé de 1885 à 1888, malgré les efforts des Dahoméens pour le refermer. Cependant ils y ont réussi en 1888, grâce à la diminution des pluies. Mais maintenant que la France est définitivement maîtresse de Kotonou, rien de plus facile que de rouvrir et de maintenir ouvert l'ancien chenal.

*Nécessité du chenal.* — 1° Au point de vue stratégique. La capitale du Dahomey n'est accessible que par l'Ouémé ou Ocpara et le chenal de Kotonou est son embouchure naturelle, la seule qui soit en territoire français

Par ce chenal seulement nous pouvons introduire nos canonnières et débarquer en tout temps du matériel de guerre ; quand la barre est bonne, sur des chaloupes à vapeur. Quand la barre est mauvaise, les eaux sont hautes et des vapeurs d'un certain tonnage la traverseront aussi facilement qu'à Lagos. Dans tous les cas, chaloupes ou bateaux à vapeur pourront aller directement de la mer à Porto-Novo et remonter le fleuve Ouémé ou Ocpara.

2° *Au point de vue commercial.* — On peut arriver à Porto-Novo par Lagos, mais c'est une perte de temps de 2 jours, et les douanes anglaises écrasent les marchandises françaises.

On objecte que le lac Denham n'est pas assez profond pour permettre aux vapeurs d'aller directement de Kotonou à Porto-Novo, pendant les eaux basses; nous répondons par une lettre de Porto-Novo, datée du 1er mars :

« Le dimanche 23 février, M. Ballot, une cinquantaine de miliciens et près de 300 porteurs partirent pour Kotonou dans des pirogues remorquées par la canonnière « l'Emeraude ». Or, le 23 février est l'époque où les eaux sont les plus basses. Donc des embarcations de la force de « l'Emeraude » peuvent aller de tout temps de Porto-Novo à Kotonou.

Elles le pourraient encore plus facilement après l'ouverture de Kotonou, car elles profiteraient de la marée qui se fait sentir jusqu'au delà de Porto-Novo et augmente d'une manière notable la profondeur des eaux.

3° *Au point de vue hygiénique.* — Le fleuve Ouémé ou Ocpara, privé de son embouchure naturelle, est obligé de refluer vers Lagos, à travers un terrain absolument plat. Son déversoir actuel, la lagune de Porto-Novo à Lagos, déborde chaque année. Cette inondation périodique a les plus fâcheux effets au point de vue hygiénique. Les eaux, en se retirant après la crue, laissent à découvert un terrain marécageux où végétaux et animaux tombent en putréfaction et empoisonnent l'air de miasmes délétères. L'ouverture du chenal de Kotonou, en rendant au fleuve son embouchure directe et naturelle, empêchera, ou du moins diminuera ces fâcheux effets.

Voilà, à ce qu'il nous semble, la meilleure solution des difficultés de pénétration dans les royaumes de Dahomey et de Porto-Novo.

L'ouverture du chenal est bien préférable à la construction d'un wharf, construction assurément fort coûteuse, obligeant à des transbordements et qui ne rendra jamais les mêmes services que le chenal.

*Conclusion.* — On a discuté la possibilité de l'obstruction du chenal par les sables.

Le chenal a existé pendant plusieurs siècles ; il peut avoir au moins les mêmes dimensions que celui de Lagos ; le chenal de Kotonou serait, en effet, le déversoir du lac Nokoué et du fleuve Ouémé ou Ocpara, bien plus considérable que le lac Cradou et le fleuve Ogoun aboutissant à Lagos. Or, le chenal de Lagos, loin de s'obstruer, s'approfondit. Pourquoi celui de Kotonou se comblerait-il ? C'est le même fond sablonneux, ce sont les mêmes vents, les mêmes courants, aussi bien à Lagos qu'à Kotonou.

D'ailleurs, si le chenal venait à s'ensabler, un bateau-dragueur aurait vite enlevé l'obstacle.

Notre conclusion s'impose :

Le chenal de Kotonou est facile, il est nécessaire au triple point de vue stratégique, commercial, hygiénique.

Si l'Angleterre était à Kotonou et Porto-Novo, le chenal serait fait demain.

*Le fleuve Ouémé ou Ocpara.* — Le chenal de Kotonou nous mène dans le lac Denham, où se déverse une des branches du fleuve Ouémé ou Ocpara. Une autre branche, qui seule devrait porter le nom de Ouémé, après avoir traversé le pays de ce nom, se jette dans la lagune de Porto-Novo, à Aguégué (voir la carte de M. Ballot, résident de France à Porto-Novo). On peut pénétrer dans le fleuve par l'une ou l'autre embouchure.

Jusqu'à ces dernières années, le fleuve Ouémé ou Ocpara était resté à peu près inconnu, le Dahomey en défendant la navigation aux Européens. C'est seulement en 1875 que le P. Baudin, des Missions Africaines de Lyon, réussit à tromper la surveillance des gardiens dahoméens, et put remonter le fleuve jusqu'à une certaine distance dans l'intérieur. Apprenant ce voyage, les Anglais remontèrent le fleuve mystérieux avec le « Nelly », vapeur calant au moins deux mètres d'eau.

C'était en juin 1877, au commencement de la crue. J'ai vu moi-même, l'année suivante, à Porto-Novo, le pilote du

« Nelly » et il m'affirma que l'Ouémé ou Ocpara était plus profond et plus rapide que la lagune de Porto-Novo. M. Dorat, résident de France à Porto-Novo, et MM. Foa, Tralloux et Siciliano explorèrent aussi le fleuve.

Mais la plus importante de ces explorations est celle que fit M. Ballot, en novembre 1888.

A bord de la canonnière « l'Emeraude », le résident de France remonta le fleuve jusqu'à Agony, résidence du roi de Dahomey pendant une partie de l'année.

M. Ballot dépassa même cette ville et constata que le fleuve mesurait encore, au nord d'Abomey, 40 mètres de largeur et 5 mètres de profondeur (voir la carte).

Et pourtant c'était en novembre, époque où les eaux ont déjà baissé beaucoup, surtout dans l'intérieur.

La navigabilité de l'Ouémé ou Ocpara jusqu'au nord d'Abomey est donc certaine.

Elle est encore constatée par deux voyageurs anglais, Duncan et Skertchly, les deux seuls Européens qui aient fait le voyage d'Abomey au fleuve Ouémé.

Il resterait maintenant à décrire le chemin de l'Ouémé à Abomey. Cette description nous mènerait trop loin. On peut, du reste, la trouver dans Duncan et Skertchly. — Le pays, généralement découvert, n'est arrosé que de petits ruisseaux. Pas le moindre marais, d'après Duncan, qui a cependant parcouru deux fois la route, en juillet et août 1845.



Lyon. — Impr. Emmanuel VITTE, rue Condé.

www.ingramcontent.com/pod-product-compliance
Ingram Content Group UK Ltd.
Pitfield, Milton Keynes, MK11 3LW, UK
UKHW032018260826
14628UKWH00006B/2564

9 782013 428583